Пограймо, Мамо!

Let's play, Mom!

Шеллі Едмонт

Ілюстратор:
Біляна Серафімовська

www.kidkiddos.com
Copyright©2015 by S.A. Publishing ©2017 KidKiddos Books Ltd.
support@kidkiddos.com

Edited by Martha Robert
Translated from English by Yuliia Vereta
Переклад з англійської Юлії Верети
Ukrainian editing by Roksolana Shteibart
Редактор української версії Роксолана Штейбарт

Library and Archives Canada Cataloguing in Publication
Let's Play, Mom! (Ukrainian English Bilingual Edition)/ Shelley Admont
ISBN: 978-1-5259-3291-5 paperback
ISBN: 978-1-5259-3292-2 hardcover
ISBN: 978-1-5259-3290-8 eBook

Please note that the Ukrainian and English versions of the story have been written to be as close as possible. However, in some cases they differ in order to accommodate nuances and fluidity of each language.

Моя мама – вчена. Це дуже важлива робота. Вона дуже зайнята.

My mom is a scientist. It is a very important job. She is very busy.

Щодня мама забирає мене зі школи.

Every day, Mom picks me up from school.

– **Привіт, сонечко!** – каже мама, широко посміхаючись та обіймаючи мене.

"Hello, sweet pea!" Mom says, with a big smile and a hug.

Я завжди запитую: «А ми підемо сьогодні до парку?»

I always ask, "Are we going to the park today?"

Мама щоразу сміється.

And every day, Mom laughs.

Вона каже «Так» і веде мене до великого парку на розі нашої вулиці. Це моє улюблене місце.

She says, "Yes," and takes me to the big park on the corner of our street. It's my favorite place to go.

Там є велика червона гірка, гойдалки,
і моя улюблена драбинка.

There is a big red slide and swings, and
my favorite part of all – the monkey bars.

*На ній можна гойдатися, розмахуючи
ногами, і уявляти себе ким лиш завгодно.*

You can swing along with your feet hanging
in the air and pretend to be anything you like.

Іноді я – піратка, яка погойдується на щоглі власного великого піратського корабля.

Some days, I am a pirate swinging through the mast of my own big pirate ship.

А іноді – дослідниця. Тоді я повинна перетнути весь ігровий майданчик, не впавши в річку, яка нібито знаходиться внизу.

Other days, I am an explorer. On those days, I have to cross the whole playground without falling into the river that I imagine is below.

Але мама ніколи не грає зі мною. Адже вона – вчена, і в неї багато роботи. Вона сидить на лавці й щось друкує.

But Mom never joins in with my games. Because she is a scientist and has a lot of work. She sits on the bench and types.

– Мамо, – питаю я, – ти пограєш зі мною?

"Mom," I ask, "will you come and play?"

Мама відриває погляд від ноутбука.
– Сонечко, пробач. У мене ще багато роботи.

Mom looks up from the laptop. "Sorry, sweet pea. I've got to do some more work."

Наступного дня після школи все трохи по-іншому.

After school the next day, something is a little different.

Коли вона каже: «Привіт, сонечко!» – її посмішка вже не така широка.

When she says, "Hello, sweet pea!" her smile is not so big.

Коли я запитую: «Ми підемо сьогодні до парку?» – вона каже «Так», але вже без сміху.

When I ask, "Are we going to the park today?" she says, "Yes," but she doesn't laugh.

Я йду на майданчик, а моя мама сідає на лавку.

I go to the playground and my Mom sits down on the bench.

У мене є ідея. Ігри завжди розважають мене, тож і маму мали б розважити.

I have an idea. Playing makes me happy, so it should make Mom happy as well.

– Мамо, пограй зі мною! – кажу я їй.

"Come and play with me, Mom!" I say.

– Я не можу, сонечко. Я б однаково впала з цієї штуки, – каже мама з сумною посмішкою.

"I can't, sweet pea. I would probably fall off that thing anyway," says Mom, with a sad smile.

– *Я навчу тебе, мамо! Це весело!*

"I'll teach you, Mom! It's fun!"

Мама зітхає. Вона відкладає ноутбук і підходить до мене.

Mom sighs. She puts down her laptop and comes over to me.

– *Ну добре, сонечко, – каже вона. – Показуй.*

"Come on then, sweet pea," she says. "Show me."

Коли вона піднімається по драбинці, то знову починає посміхатися.

When she climbs up the ladder, she starts to smile again.

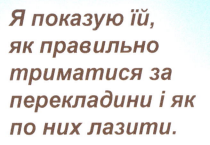

Я показую їй, як правильно триматися за перекладини і як по них лазити.

I teach her how to hold the bars and how to swing from one bar to the other.

Коли в неї не виходить, я кажу: «Ні, мамо, давай ось так!» – і на її обличчі з'являється велика посмішка.

When she does it wrong, I say, "No, Mom, like this!" and she smiles. It's a big smile.

Незабаром ми з мамою лазимо по драбинці вже вдвох.

Soon, Mom and I are both swinging around.

– Уявімо, що ми мавпочки в лісі! – кажу я, - Дивись, я їм банан!

"Let's pretend we're monkeys in a forest!" I say. "Look, I'm eating a banana!"

– Тоді я мавпа-матуся, – каже мама, розгойдуючись, – Ну постривай, мавпочко, зараз я тебе наздожену!

"I'm a mommy monkey, then," says Mom, swinging. "Look, baby monkey, I'm chasing you!"

Але я граю на цьому майданчику довше, ніж мама. Я швидша, і тому вона не може мене наздогнати.

But I have been playing at this playground longer than Mom. I am faster, and she can't catch me.

Ми обоє сміємося з цього.

That makes us both laugh.

– Мамо, тобі подобається грати? – питаю я, висячи головою вниз.

"Do you like to play, Mom?" I ask, hanging upside down.

Мама сміється.
– Так, сонечко, дуже подобається!

Mom laughs, "Yes, sweet pea, I love to play!"

Тепер моя мама знову весела!

My mom is happy again now!

Ми граємо аж поки не пора лягати спати. Тоді мама бере мене за руку і веде додому.

We play until it is nearly bedtime. Then Mom walks me back home, holding my hand.

– Це було весело! – кажу я. – Можна, ми ще так пограємо?

"That was fun!" I say. "Can we do it again?"

– Ну звісно, можна, – каже мама.

"Yes, of course we can," says Mom.

Наступного дня мама знову забирає мене зі школи і веде на дитячий майданчик.

The next day, after school, Mom picks me up again and takes me to the playground.

Коли ми приходимо до парку, мама не сідає на лавку.

When we get to the park, Mom doesn't sit down on the bench.

– Що ти робиш, мамо? – запитую я.

"What are you doing, Mom?" I ask.

– Збираюся пограти з тобою. Це весело! – каже мама.

"I'm going to play with you. It's fun!" says Mom.

Я така щаслива! Я завжди хотіла, щоб мама грала зі мною.

I am so happy! I have always wanted my mom to play with me.

Ми знову граємо на дитячому майданчику. У моєї мами є багато хороших ідей для ігор. Так грати ще веселіше!

We play at the playground again. My mom has lots of good ideas for games. That makes playing even better!

І їй подобається грати разом – як і мені!

And she likes it – just as much as I do!

Lightning Source UK Ltd.
Milton Keynes UK
UKHW050716260422
402026UK00005B/184